HACERSE MUNDO

EOLAS
ediciones

HACERSE MUNDO

Isabel González Gil

Es en la tierra que yo danzo

Tatsumi Hijikata

desandar

me fui transformando en anfibio porque secretamente me
      placía el abrigo de la piedra y la humedad estrenada

por ser memoria del helecho

arrastraba el vientre elástico y rugoso que estaba en mi final

          cesar
obedecer a la simetría de la huella
la gravedad era la lluvia
fui anfibio por ser liquen   luz del mediodía
en la cueva queda la piel   fui anfibio en un parto lógico

desandar el camino de la forma

bestia uncida a la mano

en la pupila salvaje
ya ha sido vivida la luz
sin saberlo

desmedir palabras

escudriñen sombras
aristas

liben lo no nacido

no tengo corazón
he soñado que dejaron en el hueco una piedra
de otro mundo

tarareo una canción que desconozco
no es pisada   vuelo
del músculo   interrogante   flecha

nuestra boca común

Una lengua en la que hablan las cosas mudas

Hofmannsthal

día a día
el grito
se hace suave
elástico
vivible

un golpe a despertar

salimos a los campos

ponemos palabras al lenguaje
que carece

te habrá brotado
algún ojo sin cuerpo
durante la noche

me pregunto
cómo acallas los universos que eres
escondidos en la piel

qué extraño animal
ha devorado tu corazón

todos llevamos dentro
una flor carnívora

el tiempo de los grandes reptiles

detrás de esa mujer que pasea
merodea el chacal

su sombra tiene el tamaño
de lo que ha olvidado

escribir el desamparo

como si pudieras pagar el precio
en sombra y tinta

y en el final del tiempo
te valiera otro don que su clemencia

escribir el desamparo
extender la herida hasta que en la abertura
quepa el mundo

de oruga a ala

It is the song that calls you back

Eurydice, M. Atwood

echo de menos
a la niña sin contorno

era toda de carne y estaba desdibujada

vivía en el aire
como los pájaros suspicaces
y los íbices en los desfiladeros que no temen morir

odiaba el olor de las estaciones
las superficies relucientes

no sabía

doy una onza de carne
por si en el hueco escucho
tu ausencia

acostumbro a mirar en el silencio
esperando a que el silencio me mire

guardo en el bolsillo una promesa
no sé de dónde vino, cómo llegó
cuando la conocí ya era músculo
tejido nuestro

si se abriera no cabría en esta habitación
no podrían contenerla los mundos

cuanto más hondo el blanco
más nos costará volver

sospecho que dentro de los ojos
hay otros ojos muy abiertos:
tienen tu verdadera edad

observan como alga y espina
la plaga y el ciervo en celo

nuestro tiempo lo da
la intensidad de la falta

de qué fosa común
brotan este pavor
y resistencia a la palabra

dormidos
en el estómago de un monstruo
buscando cobijo
caparazón

comunicarnos
con su mente de otro tiempo

del silencio surgen
pasos de baile
una canción de brote
hacerse otro para ser

fairy tales

lo que antes de nacer reclama el alba
esos niños de paja   con las piernas de enebro
y el andar desventurado
hilan el camino que conduce a la casa
desvanecida en el aire

desheredados de un reino de hormigón
que les lleva veloces al final de la infancia

en sueños se aventuran al país de los gigantes
alimentarse es peligroso durante un viaje nocturno
hay pájaros hambrientos que borran sus huellas

quién los protegerá de una historia sin finales
quién vela en sueños la orfandad del mundo

materia oscura

cuánto pesará tu corazón
al acabar el día
será un corazón de carne
un corazón de bruma
será un
fósil   marino
resquicio
apenas asidero

eso que espera
y entrevé
la barca, el óbolo, el ciprés
bajo el agua cristalina
llama a la puerta como fiebre

¿qué árbol talamos
sin permiso de un dios?

¿qué sobras robamos?

los pájaros se llevaron las marcas del origen
nadie sabe

el cuerpo acumula noche
polvo que tuvo la ocasión
de ser tiempo

y si preguntas
al que devora grasa
y ya te ha terminado de vivir
cuál es el límite
cuándo el temor se redime
en qué momento
no puede darse
tanto dolor
cómo cruzar
el umbral
y hacerse mundo

en todo el recorrido hacia la lágrima
se agolpan jinetes, alisios, caparazones
en todo el recorrido
vías muertas, retoños, paisajes agrestes
badenes, señales, encrucijadas
soles nocturnos, estaciones,
nostalgia de una piel
futuros perdidos
confines, legañas
baldosas y mimbres
en todo el recorrido
cavidades trampantojos
despedidas
en todo el recorrido hacia la lágrima

no llegará a tiempo
el corazón
para transformarse en oro   en armadura
se aferra al caos de lo orgánico
esperando
un florecer animal
una gracia salvaje
estridente y delicada
del dios desconocido

¿de qué mundo no debo comer?

the things I have are nameless, old and true.

H. D., *Red Roses for Bronze*

el hambre tiene
las dimensiones de la falta
se puebla de pájaros en los acantilados

tiene el tamaño
de la pregunta fiebre

de la pregunta todavía en los párpados

si escuchas en el ombligo
hay música de tambores
a los lazos de sangre les crecen cabezas
se reproducen como invertebrados

hay una hora
el mar bate contra las palabras escudo
y naces de ti

temes que se incorpore del sueño
que vuele alto
te dices
no es así como vivir

que se levante y solo vea
un mar de fuego

que contemple despierta
la danza que ejecuta para otros

y en la garganta
en la que bañan a la criatura viva
despierte un corazón

romper al otro
para no ver
tu imagen

comerte al otro
para adquirir cuerpo

dañar al otro
expulsando lo que vuelve

nos faltan tantas piezas

como si pudiésemos colocar fábricas
en las heridas
iglesias en los precipicios

están ardiendo en mi piel
los vulnerados

temo
no poder refrenar su oscuridad
sus bocas blancas

levántate
como si supieras

y no tuvieras después que devorarlos vivos
los brotes que nacen de tu pecho

el temor es de lo que se repite
el temor es de lo que no cesa

has de vencer
al que trae respuestas
al héroe que llega de lejos

naces de un odio ancho
tú eres la raíz

lo que no se dice
gesticula
nuestros cuerpos hablan sombras
los ojos cerrados saben

un día más
el cuerpo del mundo
la armadura en llamas

el poema es un animal

callamos
nos habíamos roto
y un cuerpo inarticulado
no puede emitir voz

nuestro cuerpo no puede crecer
es una máquina que sintoniza
nuestra memoria está llena de sombras

bailamos
un ápice más ligeros
y más graves que lo real

solo en el baile intuyes el fin
una brisa antes del nombre
solo en la piel hablan las máscaras

para comprender una palabra
hay que mirarla por fuera
como una estatua
espiar su delicado equilibrio
cuando se abre
y respira
desde el centro de la tierra
con un bostezo
un grito
un interrogante
el brillo de flor nocturna
su conversación exhausta

el poema es un animal fabuloso
es una corteza
y un mordisco

el caparazón
por donde se cuela el hambre
y la nostalgia de los fondos

tenemos huecos en la piel, cicatrices
cavidades que esconden soles
en las que puede formarse una perla
donde cabe un animal herido

sílabas son bestiario

todo lo que es signo

cómo se oculta la enfermedad
cuando tiene tu rostro

no sé si la enfermedad soy yo
o es el hueco que dejaste
máscara ardiente
con la que miro dentro

si es árbol en llamas

cómo adoptar pintura blanca de camuflaje
sin trasparecer al compañero

cómo ocultar la boca es más grande
                que la boca
las piernas no terminan de tocar el suelo

cómo ocultarte   caballero blanco
cómo ocultarte

todo lo que es signo
me conmueve
por su ausencia

la huella siempre es musical
danza que habita
lo que fue

una pieza imperfecta llama a la aventura

un caparazón trae
la conversación del océano
el silencio de los fondos
en el que cesa el hambre

él bebe de mí
sabe que soy sustancia del olvido
roca caliza, amansada en las aguas

trepo con la hiedra
en su luz
    tiran de mí memorias
líquenes en los párpados

mis garras palpan
la grieta la humedad
reposo en tierra

saber que todavía queda
una anémona marina
por conocer
y que tendrá algo de humedad el aire
cuando nos dejemos ir

mi deseo se confunde con atolondramiento

cierro los ojos y visto la piel
más suave, del verano que vendrá

duermevela

La sombra es el animal que solías ser

Cecilia Vicuña

estás perdida dentro de mí
tal vez te has marchado junto a las aves migratorias
a parajes donde vuelan los peces
y cantan en las rocas las mujeres serpiente
¿o estoy perdida yo en ti?
siempre un paso por detrás
para no perder
un bocado de sombra
porque lo que probamos
reduce a cenizas
los espejismos del día
quién mira a quién
nos distraemos en un lado del espejo
sin atravesarlo

los cuerpos no se domestican
pero entienden el trueque
la lógica de la mansedumbre

el comercio del ser por el estar

espacio a cambio de aire

son objetos gravitatorios
constelados

no pueden detenerse
dejar de ser
siempre otro

entre maleza
busco al animal de mi noche oculta

caída firme
hacia la calma

hace tanto tiempo
olvidé la planicie que se abre
cuando descansa la sed

me asombra haber podido desandar la noche

de su rostro humano
escucho el relato de mis ancestros
lanza y cornamenta
                    horizonte nómada

en algún lugar
en ese bosque
sigues viva
no dañada

Ella nunca ha nacido
solo observa
a la anciana que soy

si la siguiera hacia donde no se oye
el gorjeo de la superficie

Ella corre con los pies descalzos
hacia el remanso de los seres elementales

es pez y ave multicolor

La que anda sin dejar pisada

hacerse mundo

el tiempo despierta otro mapa en la piel
es el órgano más transparente

puro transitar
descanso en el aire
la piel es la guardiana del oído

en ella el tiempo encuentra
el lugar de la palabra

pude darte mi piel
a cambio de otra más gruesa
en la que no hubiera marcas, bifurcaciones

pero sin huellas, ¿cómo podré volver a casa?

lo que fue crece como lava suave
deshaciendo estupores, telarañas

una mirada dentro del hueco
devuelve la mirada

un ojo de ciervo
que siente con todos los ojos
y habla una lengua común

he mirado de cerca:
he visto raíces dentro de tu pecho
ciudades, heridas, constelaciones
fantasmas con nombre propio

todo lo que crece en ti te transforma

¿será esta la sustancia de los días?
acabarse
hacerse mundo

entre dos

los tratados de vuelo recomiendan
ascender
antes de que se forme orografía
estancia en el mundo
pues si has dejado que te surque
la roca y las escamas
crezcan traslúcidas
de aguamarina y sombra
si te detienes
en el cabo a finales de agosto
qué no sacrificarías
por ser otro instante coral
tránsito de viento
orilla y pez entre mundos
aunque hayas de volver de la muerte
en sueños conversando en su lenguaje
o permanecer como centinela
en las tierras del tiempo
qué no arrebatarías a la nada
a su pulso luminoso

ser

a mitad de camino

con el árbol

con el pez

intercambiando palabras de alegría

dejando un tejido de sí

a la espaciosa sombra

pero intuyendo el violento umbral

allí donde me crecen escamas nuevas en un lado de la cara

púas y amapolas

entre el sueño y el día, la espiga, la raíz

cedo unas sílabas

para buscar ese tercer reino.

Índice

© de los textos: Isabel González Gil
© de la edición: EOLAS EDICIONES

Diagramación: contactovisual.es
Fotografía de portada: rawpixel / 6030778
ISBN: 979-13-87753-23-8
Deposito legal: LE 258-2025
Impreso en España - Printed in Spain